持続可能な地球のために——いま、世界の子どもたちは

第2巻

学校にいきたい
教育

茂木ちあき 著

中央アフリカ共和国の都市バンバリにある小学校に通う少年。2013年に武装勢力間の衝突によりこの国では6割以上の学校が破壊され損傷を受け、2年近く学校に通えない子どもも多くいました。国際NGOセーブ・ザ・チルドレンは、子どもたちが安心・安全な環境で紛争予防に配慮した教育を受けられるよう、学校27校を支援しました。

新日本出版社

地球を守る17の目標＝SDGs

「SDGs」って、知っていますか。

聞きなれない言葉ですが、"Sustainable Development Goals" の略で、「持続可能な開発目標」という意味です。

地球の開発と発展が将来もずっとつづくよう、国際連合（以下国連）で定めた世界の目標です。

2015年9月、世界150か国以上の代表がニューヨークの国連本部に集まりました。地球が抱える問題や将来について話し合い、2030年までに達成すべき世界の目標を定めました。

これがSDGs、「持続可能な開発目標」です。

世界には、およそ75億人の人びとがくらしています。

その8割以上が開発途上国にくらし、およそ8億人が極度の貧困と飢餓に苦しんでいます。

飢えで命を落とす人は1分間に17人。

5歳未満の幼い子どもが、5秒に一人の割合で亡くなっています。

毎日1,600人以上の子どもが、不衛生な水による病気で命を落としています。

世界の5,800万人の子どもは学校にいけません。

戦争や紛争に巻き込まれて難民になっている人は6,500万人を超え、その半数は子どもです。

また、地球規模の気候変動は、世界各地で有史以来最悪の干ばつや大洪水

　を引き起こし、子どもたちの安全な生活を奪っています。
　「持続可能な開発目標」＝SDGsは、世界中のすべての人びとが平和で健やかな2030年を迎えられるよう、17の目標を掲げました。
　本書はこの中から特に子どもたちを守る目標に注目し、世界の各地で「いま」を生きる子どもたちの様子を見つめていきたいと思います。
　地球に生きるすべての子どもが、安心して、安全な未来を迎えられるよう、わたしたちにできることはなんでしょうか。
　いっしょに学び、考えていきましょう。

持続可能な地球のために
―いま、世界の子どもたちは―

　本書は、SDGsのなかからおもに子どもに関わる目標に注目し、テーマ別に以下の4巻で構成します。巻ごとのタイトルと、それにかかわるSDGsを紹介します。

1巻

安心してくらしたい【貧困と飢餓】

目標1　世界中のあらゆる貧困をなくそう。

目標2　あらゆる飢餓を終わらせよう。

2巻

学校にいきたい【教育】

目標4　すべての人に公平で質の高い教育を。

目標5　あらゆる場面でジェンダー（男女差）の平等をめざそう。

3巻

健康で生きたい【保健・衛生】

目標3　すべての人に健康と福祉を。

目標6　世界中の人が安全な水とトイレを使えるように。

4巻

温暖化をくいとめよう【環境】

目標7　すべての人が持続可能なエネルギーを得られるように。

目標13,14,15　地球規模の気候変動と自然環境の破壊に対して。

「SDGs＝持続可能な開発目標」は、巻末ページに掲載しています。

2巻 学校にいきたい【教育】

もくじ

- 地球を守る１７の目標＝SDGs ……………………………… 2
- 1、学校にいけない子どもたち ……………………………… 6
- 2、どうして学校にいけないの ……………………………… 8
- 3、スラムの町の小学校【ケニア】 …………………………… 10
- 4、教育の拡充で貧困からぬけ出そう【ラオス】 …………… 12
- 5、午前は学校、午後は工場へ【パキスタン】 ……………… 14
- 6、紛争地の子どもにも学校を【ニジェール】 ……………… 16
- 7、レバノンにのがれたシリア難民の子どもたち ………… 18
- 8、失われた教育を再建しよう【カンボジア】 ……………… 20
- 9、格差をなくして教育の公平性を ………………………… 22
- 10、女の子だって勉強したい ………………………………… 24
- 11、障害があっても勉強したい ……………………………… 26
- 12、教育は未来への希望 ……………………………………… 28
- 未来ある地球のために ……………………………………… 30

1 学校にいけない子どもたち

　2000年、国際連合（以下国連）はミレニアム開発目標を発表し、「2015年までに世界中のすべての子どもが小学校に通えるようにする」という目標を掲げました。

　国連や世界各国の取り組みで、小学校に通える子どもは、世界全体で飛躍的に増えました。

　それでも、就学年齢に達した子どものおよそ1割、6,000万人はまだ学校に通えません。その3分の1は、アフリカのサハラ砂漠より南の地域の子どもたちです。

　アフリカのサハラ砂漠より南の地域は、サブサハラといいます。サブサハラでは、いまでもおよそ4人に1人の子どもが、学校に通えません。また、入学しても卒業まで通いつづけることができず、途中でやめてしまう子どももたくさんいます。

　子どもたちが学校にいけないと、おとなになっても読み書きや計算ができません。安定した職業につくのが難しく、収入も低いままです。こうした子どもたちが多い地域は、おとなも学校にいけなかった人が多く、地域の教育水準や経済力も低くなっています。地域全体が、貧困からもぬけ出せない悪循環におちいっています。

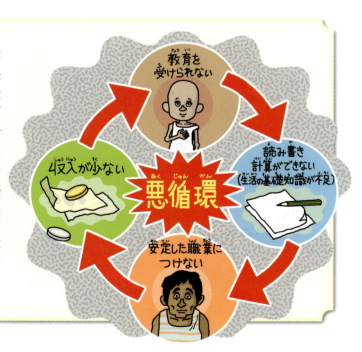

小学校に通っていない子どもの割合

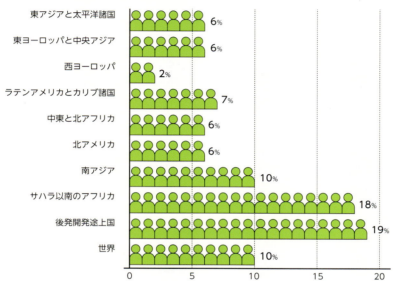

参考資料『世界子供白書 2017』（ユニセフ）

小学校に通っていない子どもの割合が最も高い国々

（いずれもアフリカ中部、サブサハラの国です）

南スーダン	69%
リベリア	62%
スーダン	45%
赤道ギニア	43%
ジブチ	43%

小学校に通っていない子どもたちは、以下のケースに分けられる

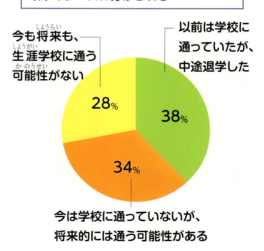

資料：https://www.unicef.or.jp/about_unicef/about_act02.html （日本ユニセフ協会サイト）

2 どうして学校にいけないの

世界では、およそ6,000万人の子どもが、学校にいけません。

どうして、そんなに多くの子どもが学校に通えないのでしょう。

その理由はいくつかあります。

●学校や先生が少ない

学校の数が少なく、家から遠すぎて通えない。

先生が少ない。

先生を育てる仕組みがなかったり、先生に給料がはらえない。

病気や障害がある子どものための学校がない。

●貧困のため、子どもを学校に通わせられない

家が貧しくて、授業料や教科書代がはらえない。

家の仕事を手伝ったり、弟や妹の世話をしなければならないので、学校にいく時間がない。

家計を助けるため、子どもも働きに出なければならない。

●地域の風習や古い考えが根づよい

子どもは学校にいくより、働いてお金を稼ぐ方がいいという考えがある。

女の子は学校にいかなくていい、という習慣が残っている。

●学校にいっていたのに、途中で退学しなければならない子どももいます

衛生環境や栄養状態が悪いため、軽い病気でも重症になり、学校に通えなくなる。

紛争や戦争で学校が破壊されたり、争いに巻き込まれて難民や避難民になってしまう。

家計のために町に働きに出たり、結婚させられたり、少年兵として戦場に送られたりする。

サバンナを走りぬけて学校へ

　2014年、『世界の果ての通学路』(パスカル・プリッソン監督)というドキュメンタリー映画が公開され、話題になりました。世界の辺境の地で、厳しい現実をのりこえて学校に通う子どもたちのすがたを、フランス人監督が追いつづけた作品です。
　片道15キロメートルのサバンナを通学するきょうだいや、馬でアンデス山脈を越えて通学する少年、足の不自由な兄をおんぼろの車椅子に乗せて通学するインドのきょうだいなどが描かれています。いずれも、日本では想像もできない、厳しい通学風景ですが、子どもたちは明るく前向きです。学校へ通えることが楽しく、うれしいのです。

・・・・・・・・

　ケニアに暮らす男の子、ジャクソンは11歳。学校まで片道15キロメートルの道のりを、6歳の妹といっしょに通います。毎日、野生動物が出没するサバンナを通りぬけなければなりません。二人は動物に襲われないよう、小走りで道を急ぎます。それでも、片道2時間以上はかかります。
　ケニアでは毎年、4、5人の子どもが通学途中で象に襲われ、大けがをしたり命を落としています。通学が大変で学校をやめてしまう子どももたくさんいます。でも、ジャクソンは明るく言います。「パイロットになりたいから、学校にいって勉強するんだ」と。

9

3 スラムの町の小学校【ケニア】

　ケニアの首都ナイロビは、アフリカ大陸有数の大都会です。その中心地から5キロメートルほど離れた一角に、貧しい人たちが密集して暮らすアフリカ最大級のスラム街、キベラスラムがあります。

　2.5平方キロメートルの地域におよそ100万人が密集して暮らしています。これはナイロビ市民の半数以上です。国が設置した小学校はありますが、授業料や制服代が高くて、限られた子どもしか通えません。

　1999年、ここに住む一人の母親が、数人の子どもたちを自宅に集めて、文字を教えはじめました。それを知ったケニア在住の日本人、早川千晶さんが協力し、マゴソスクールを開設しました。早川さんは日本人の支援者を集めて「マゴソスクールを支える会」を作り、寄付金を募ったり、広報活動も積極的に行いました。

　勉強したい子どもはどんどん増え、広い場所も借りて、今では、1年生から8年生まで、600名を超える子どもたちが学ぶ学校になっています。

　親のいない子どもやストリートチルドレン、虐待を受けたり、働かされていた子どもなど、学校に通いたくても通えなかった子どもたちが集まってきます。

　帰る家のない子どもはそのまま学校に住み込んで、共同生活をしています。

　子どもたちが明るく学び合う姿を見て、若者やおとなたちも集まってきました。

　おとなたちは文字や計算を学びながら、子どもたちの給食や日常生活のお世話をしています。仕事につけない貧しい若者たちは、洋裁や大工仕事などの職業訓練を受けながら、作業所で製品を作って販売し、自立の道を歩みはじめました。

　2014年には障害のある子どものための特別学級もできました。

ケニアの実態

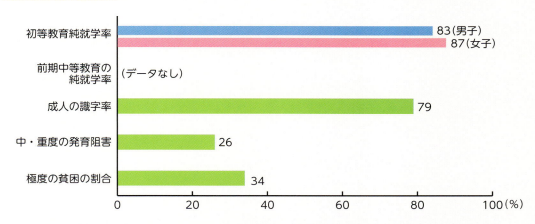

※極度の貧困の割合は国際貧困ライン（1日1.9ドル未満）で暮らす人の割合、前期中等教育は日本の中学校に相当
出典『世界子供白書2017』（ユニセフ）より

マゴソスクールでは、"1食10円"の予算で、すべての子どもたちに給食を出しています。月曜日から土曜日まで、毎日の朝食と昼食です。

マゴソスクールに通う子どもたちの中には、家には食べる物がなく、給食だけが食べ物、という子どももたくさんいます。働かなければ食べていけなかった子どもたちも、給食があるから学校に来れるようになりました。

給食は「食事」というだけでなく、「教育の拡充」にも大きな意味を持っています。

©マゴソスクールを支える会

4 教育の拡充で貧困からぬけ出そう【ラオス】

　ラオス人民民主共和国では、最貧国からぬけ出そうと、国をあげて取り組みを進めています。大きな対策のひとつが、教育を充実させて貧困をなくす、というものです。

　学校や先生を増やし、古くなった校舎は改修するなどして、子どもたちが学校にいきやすい環境整備を進めました。その結果、2015年には90パーセントを超える子どもが小学校にいけるようになりました。

　ラオスには少数民族も多く、ラオス南部のセコン県の小学校では、ラオス語が分からない少数民族の子どもたちがいます。日常会話は民族の言葉を使っているため、公用語のラオス語と民族の言葉を書いたカード式の教材も作りました。それでも、まだまだ教室数や先生の数は不足しており、図書や教科書、教材なども足りません。とくに農村部や、都市から遠く離れた地域は深刻です。

　こうした地域ではこれまで、図書室や図書コーナーをもつ小学校はほとんどありませんでした。地域の図書館もありません。

　山村地域や、少数民族の子どもたちが多く通う小学校には、車にたくさんの本を積んで走る移動図書館が巡回しています。図書館のない小学校に図書箱を配布し、先生方には図書の管理の仕方や読み聞かせの研修会などを行います。

　読書は、読む力をつけるだけでなく、知らない世界を知り、好奇心をふくらませ、さまざまな価値を学ぶためにとても大切なものです。普段から多くの図書にふれることで、子どもも先生も教育の幅が広がります。教科書だけでは得られないことを知り、自分や国の将来に、目標や希望が持てるようになっています。

　3年生のアイさんは学校が大好きです。「新しい校舎は本当にきれいでうれしいです。もっともっと授業に集中して、学校を休まないようにがんばりたいと思います。この学校に通えるようになって、将来の夢がかなうと信じられるようになりました。将来は先生になりたいんです」

ラオスの実態

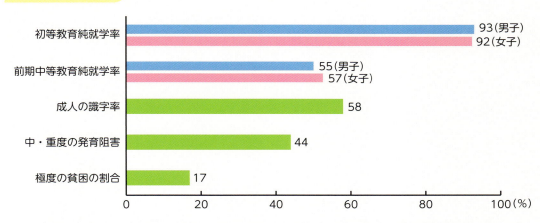

初等教育純就学率	93(男子) / 92(女子)
前期中等教育純就学率	55(男子) / 57(女子)
成人の識字率	58
中・重度の発育阻害	44
極度の貧困の割合	17

※極度の貧困の割合は国際貧困ライン（1日1.9ドル未満）で暮らす人の割合、前期中等教育は日本の中学校に相当
出典『世界子供白書2017』（ユニセフ）より

©Yoshifumi Kawabata（写真提供：公益社団法人シャンティ国際ボランティア会）

5 午前は学校、午後は工場へ【パキスタン】

　パキスタン・イスラム共和国では、およそ4人に一人の子どもが学校にいけません。

　パキスタンのパンジャブ州は国内でも貧しい地域で、多くの子どもたちが地元の特産品のレンガ工場に働きにいっていました。工場の近くに小さな学校ができると、子どもたちは午前中は学校で勉強し、午後に工場に働きにいくようになりました。

　子どもたちが熱心に勉強する姿に影響されて、おとなたちも校舎を整備したり、学校づくりに協力的になってきました。いまでは、読み書きできなかったおとなも学校に来て、いっしょに勉強するようになりました。

　子どもたちは学校で、文字だけでなく、健康や基本的な生活習慣も学びます。歯みがきや手洗いなど、衛生にも気をつかうようになり、将来の夢やなりたい職業など、希望をもって思い描けるようになりました。

　この学校では、これまで日本人スタッフが指導していましたが、現地の人から指導者を選び、指導方法を教えるなどして、しだいに、現地住民による学校の仕組みができつつあります。

　すべての子どもが教育を受けられる国になるため、着実なとりくみが進んでいます。

インドのレンガ工場で働く子ども

地域別に見た児童労働の数　（%は地域内の子ども全体に占める割合）

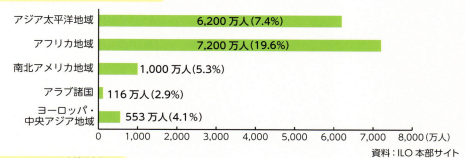

資料：ILO本部サイト

パキスタンの就学率

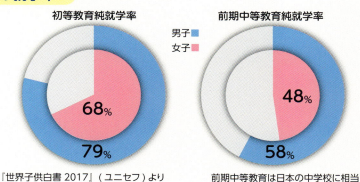

初等教育純就学率　男子 79%／女子 68%
『世界子供白書2017』（ユニセフ）より

前期中等教育純就学率　男子 58%／女子 48%
前期中等教育は日本の中学校に相当

児童労働って？

　子どもたちが学校にもいけず、生活のために働くことを児童労働といいます。
　ILO（国際労働機関）は、15歳以下の子どもたち、または健康や安全を損なうおそれのある危険な労働については18歳以下の子どもたちが働くことを「児童労働」として、戒めています。児童労働は、子どもの体や心をむしばみ、教育を受ける機会を奪います。また、地域社会の偏見にさらされるなど、将来にわたって社会からはじき出される危険も秘めています。
　2016年、5～17歳で生活のために働いている子どもは、男子8,800万、女子6,400万で、計1億5,200万人でした。そのうち危険な有害労働に従事している子どもは7,300万人いました。

6 紛争地の子どもにも学校を【ニジェール】

　世界の各地では、いまも、戦争や紛争がくり返されています。紛争地域の子どもたちは、身の回りで日常的に暴力や虐待がくり返されており、さまざまな危険と、となり合わせです。武装グループに誘拐されて兵士にさせられたり、暴行をうける子どももたくさんいます。

　こうした地域では、学校は学びの場だけでなく、子どもの身の安全を守ってくれる貴重な場所でもあるのです。

　アフリカ大陸の中央部は、気候条件も悪く、貧困や部族同士の対立による争いが絶えません。ニジェール共和国もそのひとつです。

　ニジェールは、2006年には半数以下の子どもしか小学校に通えませんでした。大人たちも学校にいけないまま成人しているため、地域全体に、子どもの教育の必要性が理解されていませんでした。

　ニジェール政府は、2015年までに子どもたちの9割が小学校にいけるよう、国をあげた取り組みをすすめてきましたが、現状は6割程度にとどまっています。

　教室の建設や増築を積極的にすすめるほか、地域住民による学校運営委員会をつくり、おとなたちから、子どもの教育と学校の必要性を学んできました。その結果、近年では住民たちが自主的に教室をつくり、教材をそろえるなど、環境整備に取り組んでいます。

　学校ができ、設備も整ってくると、子どもたちもすすんで学校に通うようになってきました。

ニジェール共和国の実態(じったい)

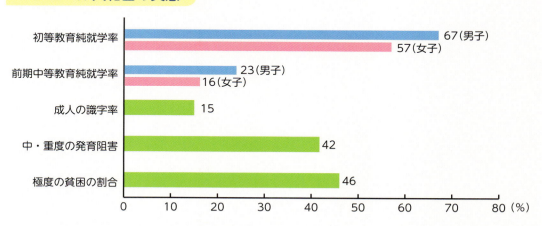

※極度の貧困の割合は国際貧困ライン(1日1.9ドル未満)で暮らす人の割合、前期中等教育は日本の中学校に相当
『世界子供白書2017』(ユニセフ)より

遠隔地の村にある学校に通う女の子。(チャド・ワダイ州)

「ユニセフ(国連児童基金)は本日、ナイジェリア北部、チャド、カメルーン、およびニジェールで、1,000校近くの学校が、暴力や情勢不安によって閉鎖または機能停止に陥っており、チャド湖地域に暮らす350万人以上の子どもたちが、終わらない紛争、避難生活、および学校に対する攻撃への恐怖により、教育を受けることが難しくなっていると警鐘を鳴らしました。」【2018年9月3日 ダカール(セネガル)/ニューヨーク発】(日本ユニセフ協会プレスリリースより)

7 レバノンにのがれたシリア難民の子どもたち

　中東のシリア・アラブ共和国では、2011年に内戦がはじまりました。これまでに40万人以上の命が奪われ、500万人以上が近隣の国にのがれて難民になっています。遠くヨーロッパの国まで移動する人もいます。そのおよそ半数は子どもです。

　シリアの南西側に接するレバノン共和国は、日本の岐阜県ほどの面積で、人口も500万人足らずです。そこに、100万人を超えるシリア難民が避難しています。

　ほとんどのシリア難民は、レバノン人が住む市街地やアパートに入り込んで暮らしています。何家族もいっしょに、たった一部屋で暮らしていることも少なくありません。そうした部屋さえも見つけられず、路上生活をしている人もいます。

　子どもたちは学校にも通えず、生活のため、工場や建設現場、路上の物売りなどで働いています。

　レバノンにいるシリア難民の子どもは、10人のうち7人は学校に通えていません。レバノン政府はユニセフと協力して、15万人以上のシリア難民の子どもたちを公立学校に受け入れてきました。でも、難民生活が長引く中で、教室の不足やレバノンの経済的な負担も大きくなり、難民受け入れはもう限界、と語っています。

　日本のNGO「アドラ・ジャパン」は、学校にいけないシリア難民の子どもたちを集めて、学習教室を開いています。学習教室ではアラビア語とフランス語、算数などの授業のほか、心のケアを含めたレクリエーション活動をしています。

　まだ一部の小さな支援ですが、先の見えない避難生活を送っている人たちにとって、子どもが楽しめる場や学ぶ場所があることは、家族みんなの希望になっています。

ダイアナ（仮名）は13歳。普通なら小学校を卒業して中学に入る年齢ですが、学校にはいっていません。お父さんは紛争で殺され、お母さんは長年の心労や移動で、体を壊してしまいました。お母さんと小さい妹たちを守るため、ダイアナは一日中、田畑で働いています。夕方からは炊事や洗濯などの家事をし、妹たちの面倒もみなければなりません。ダイアナは言います。

「レバノンに来てから5年が経ちました。シリアでは家の外に出られないほど危険だったので、家族でレバノンに働きに来ました。働きながら勉強して、妹たちにも文字を教えたいと思っていましたが、勉強する場所も時間もありません。私はシリアでもレバノンに来てからも、学校に通ったことがないので、文字の読み書きもできません」。

©ADRA Japan

アドラ・ジャパンが運営する学習教室の様子（2点共）©ADRA Japan

8 失われた教育を再建しよう【カンボジア】

　インドシナ半島にあるカンボジア王国は、1970年代から20年以上にわたって内戦がつづきました。学校は破壊され、先生をはじめとする教育関係者はほとんど殺されて、内戦が終わったときには、教育の仕組み全体が壊れてしまっていました。

　戦後、国を挙げて教育の再建に取り組んでいますが、校舎の復旧や修繕が間に合わず、倒壊の危険や、天候によって授業が行えないこともあります。校舎や先生の数が大幅に不足しているため、多くの学校で午前、午後、早朝、夜間と、時間を区切って2部制や3部制の授業を行っています。

　小学校には90パーセント以上の子どもが入学しますが、経済的な理由などから通いつづけるのは難しく、卒業できる子どもは半数ほどしかいません。中学に入学する子どもは、40数パーセント程度です。

　また、内戦のときに埋められた地雷や不発弾の爆発で、いまも、障害を負う子どもがあとを絶ちません。

　障害のある子どもたちは、障害の種類によってさまざまな補助器具や補助サービスが必要です。でも、体が大きくなるにつれて器具を調整したり、交換しなければならず、おとなになるまでには多額な費用がかかります。そのため、実際には、補助器具を必要とする子どものわずか1割ほどしか、利用できません。

　寄宿舎や車椅子、点字の教材や手話など、条件が整えば、障害があっても子どもたちは勉強できます。でも、障害のある子どもたちが利用できる教材や設備は少なく、手話や点字を使って授業ができる先生もいません。

カンボジアの実態

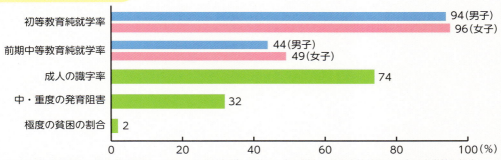

初等教育純就学率	94(男子) / 96(女子)
前期中等教育純就学率	44(男子) / 49(女子)
成人の識字率	74
中・重度の発育阻害	32
極度の貧困の割合	2

※極度の貧困の割合は国際貧困ライン（1日1.9ドル未満）で暮らす人の割合、前期中等教育は日本の中学校に相当
『世界子供白書2017』(ユニセフ)より

成人の識字率（読み書きができる大人の割合）

東ヨーロッパと中央アジア	98
ラテンアメリカとカリブ海諸国	94
中東と北アフリカ	78
南アジア	68
サハラ以南のアフリカ	65
後発開発途上国	63
世界	78

参考資料：『世界子供白書2017』(ユニセフ)

学ぶ機会がなかったおとなも勉強

　子どものころ、戦争や内戦で学校に行けなったおとなもたくさんいます。

　JHP・学校をつくる会は、カンボジアに学校を作り、子どもたちの教育を拡充する取り組みを進めていますが、2018年からはおとなのための識字教室も始めました。

　夜、仕事をおえたお父さんやお母さんが集まってきます。おとなが読み書きを覚えて勉強することは、学ぶことの喜びや大切さを知り、子どもたちの教育を向上させるうえでも大きな支えになります。

©JHP・学校をつくる会

9 格差をなくして教育の公平性を

　2000年以降、小学校の就学率は目ざましく向上し、世界全体で9割の子どもが学校にいけるようになりました。しかし、都市部や暮らしに余裕のある家庭での就学率は上がったものの、男女の差や、都市と農村部の差が、依然として大きい地域もあります。

　もっとも深刻なのはアフリカのサブサハラ地域です。ここでは、女子の4人に一人は学校にいけません。きょうだいが多い家では、男の子だけを学校へ通わせるという実態もみられます。

　紛争地域や山間部など、通学が危険で学校にいきたくてもいけない地域もあります。女の子が学校にいっても女子用のトイレがないなど、学校の設備が整っていないところもあります。

　家庭の事情から、高学年になると家族のために働かなければならない子どももいます。そうしたさまざまな理由で、小学校に入学しても、途中で学校をやめてしまう子どもも多いのです。

　「持続可能な開発目標＝SDGs」では、世界中のすべての子どもたちが学校にいけるようになることが大きな目標です。それには、学校をふやすだけでなく、都市と農村の差、女子と男子の差などを解消し、すべての子どもに公平な教育がいきわたるような社会の仕組みづくりが、大きな課題です。

　また、貧困や紛争などによって教育を受ける機会がなかったおとなたちもたくさんいます。そうしたすべてのおとなたちも、初等、中等教育が修了できることを目指しています。

女の子の方が学校にいけないんだね

　女の子が小学校に入学して最終学年まで残る割合は、世界全体では77％。でも、サブサハラでは56％まで下がります。

　地域による格差をみると、サブサハラ西部の国ブルキナファソでは、都市の女の子の70％は小学校に通っていますが、農村部では20％程度しか学校にいけません。ナイジェリアでは、都市に住む女性は平均して小学校から9年間の教育を受けていますが、農村の女性は2年半ほどしか受けていません。

小学校に入学して最終学年まで到達できない子どもの割合(%)

	男子	女子
ヨーロッパと 中央アジア	5	5
東ヨーロッパと中央アジア	7	7
西ヨーロッパ	3	2
ラテンアメリカとカリブ海諸国	10	8
中東と北アフリカ	9	10
南アジア	20	21
サハラ以南のアフリカ	45	44
東部・南部アフリカ	52	49
西部・中部アフリカ	37	37
後発開発途上国	48	46
世界	24	23

参考資料『世界子供白書2017』(ユニセフ)

10 女の子だって勉強したい

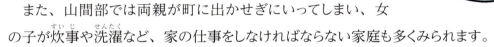

女の子も通える仕組みづくりを【アフガニスタン】

　アフリカやアジアの農村地域では、女子は教育を受ける必要がない、という古い考えが根強く残っています。

　また、山間部では両親が町に出かせぎにいってしまい、女の子が炊事や洗濯など、家の仕事をしなければならない家庭も多くみられます。

　地域によっては結婚年齢が早く、小学校の高学年になると、結婚して子どもを産む女の子もいます。

　アフガニスタン・イスラム共和国では、女性は男性に素顔を見せてはならないという風習があります。学校も男女別の教室がふつうですが、貧しい地域では、教室が柱と屋根だけで壁がなかったり、広場に集まって勉強する青空教室などが多く、女子は通学できません。

　また、先生も男性が多く、女性の先生が少ないため、女子が通学しにくくなっています。壁のある教室をつくり、女性の先生をふやすなど、女子も通学しやすいような仕組みづくりが急がれます。

先生はわたしを大切にしてくれます【バングラデシュ】

　バングラデシュ人民共和国には、家事使用人として働く少女が33万人もいます。自宅から雇われている家に通って働く子どももいますが、農村から町に出稼ぎに来て、雇い主の家に住み込みで働いている少女も多くいます。

　少女たちは食事の準備や片付け、掃除、洗濯、買い物から雇い主の子どもの学校の送り迎えまで、家事全般をこなします。一日中働いても報酬はごくわずかです。でも、少女たちは学校にいっていないためお金の計算ができず、だまされたり、暴力をふるわれて、けがや死亡事故にいたることもあります。

バングラデシュの就学率

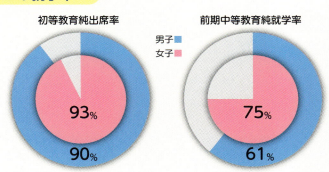

初等教育純出席率　男子 90%　女子 93%
前期中等教育純就学率　男子 61%　女子 75%

『世界子供白書2017』（ユニセフ）より　　前期中等教育は日本の中学校に相当

　11歳のアミナは、下町のスラムで、病気のお母さんと小さい妹の三人暮らしです。アミナは二つの家をかけもちで働いていますが、お母さんと妹の面倒もみなければならないため、家から通っています。朝早く家を出て、二つの家を回り、掃除と洗濯、子どもの学校の送り迎えをして、夜遅くに自宅に帰ります。
　日本の支援団体が、家事使用人として働く少女たちに読み書きや職業訓練をするヘルプセンターを開いたことを知り、週に数時間、通い始めました。「算数やベンガル語の勉強も好きだけど、いちばんうれしいのはセンターの先生がわたしを大切にしてくれること」といいます。（資料：シャプラニール＝市民による海外協力の会）

11 障害があっても勉強したい

　世界保健機関（WHO）の調査によると、体や心に何らかの障害を持っている子どもと若者は、報告されているだけでも世界におよそ2億人います。その約8割が開発途上国に暮らしています。

　極度のビタミン不足や栄養阻害は、視力や脳に障害をおよぼします。予防接種や医薬品の不足から、軽い病気でも悪化し、重い障害が残ることもあります。

　紛争による爆撃や地雷によって、身体障害をおう子どももあとを絶ちません。

　障害のある子どもも、障害のない子どもと同じように、教育を受ける権利があります。

　でも、障害のある子どもは、補助装具や教材の不足のほか、さまざまな偏見にさらされて教育が受けにくい状況にいます。家族や地域からも認めてもらえず、家から一歩も出ずに閉じこもっていたり、出生届さえ出されないまま、社会に存在を知られていない子どももいます。

目が不自由でも自立して生きたい【フィリピン】

　フィリピン共和国では、90パーセント以上の子どもが小学校へ入学しています。でも、目の不自由な子どもたちは、5パーセントほどしか学校にいけません。目の不自由な子どもが通う盲学校は、国全体で2校しかありません。

　障害のある子どもにとって、学校は勉強だけでなく、生活習慣や安全に生きるための技術を学ぶ場でもあります。

　盲学校では、点字の読み書きや白杖を使った歩行訓練、洗濯や調理など、生活全般の指導をします。寄宿舎で集団生活をしながら、身の回りのことは自分で行い、目が不自由でも自立して生きていけるよう、さまざまなことを学んでいます。

フィリピンの実態

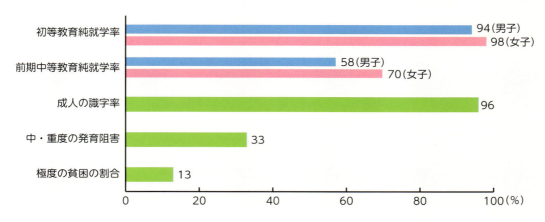

※極度の貧困の割合は国際貧困ライン（1日1.9ドル未満）で暮らす人の割合、前期中等教育は日本の中学校に相当
『世界子供白書 2017』（ユニセフ）より

シリア・アレッポの学校に通うハナアちゃん（8歳）が、授業中にホワイトボードに書かれた問題を解いている。ハナアちゃんは、爆弾の爆発を受けて両足が不自由になった。（2018年2月28日撮影）

12 教育は未来への希望

　持続可能な開発目標＝SDGsでは、世界中のすべての子どもへの初等教育の実施と、中等教育の向上を目指しています。

　世界のほとんどの国が、日本と同様に小、中学校を義務教育と定めていますが、貧困地域や経済的な余裕のない国では、小学校を卒業するのがやっとで、中学校まで卒業するのはとても困難な地域もあります。

　世界全体で見ると、初等教育の就学率は90パーセントを超えましたが、中等教育の就学率は66パーセント。4割近くの子どもが、中学校に通えません。紛争地域の子どもや障害のある子どもはさらに低い割合です。

先生になりたいから【東ティモール】

　東南アジアの島国、東ティモール民主共和国は、2002年に独立した新しい国です。山地が多く、水やトイレ、道路などの設備も整っていません。多くの子どもが学校にいけず、大人たちもなかなか仕事につけないなど、国全体が貧困におちいっています。

　山あいの村に住むデルフィナは13歳の女の子です。年下のきょうだいが多く、家は小さなコーヒー畑でほそぼそと生計を立てています。デルフィナは朝早く起きて、食事の支度や洗濯をしてから学校にいきます。学校から帰ると、コーヒー畑の世話をして、夕飯の用意です。一日中働き通しの毎日ですが、学校は休みません。しっかり勉強して、将来は先生になりたいと思っているからです。

　デルフィナのお父さんは「子どもたちが学校の本を買うためにお金が必要なら、最善をつくしたい」といいます。

でも、学校の校舎は今にもくずれ落ちそうで、雨が降ると床は水浸し。机や椅子の数も足りず、おちついて勉強できる環境ではありませんでした。ユニセフの支援を受けて学校が修理され、これまで休みがちだった子どもも、毎日、通学するようになりました。

東ティモールでは専門の教育を受けた先生が少なく、これからおとなになる子どもたちが先生の資格を取って、国の教育をささえる人間になることが期待されています。

まじめで勉強が好きなデルフィナは、家族にとっても、地域の大人たちにとっても、希望の星なのです。

東ティモールの実態

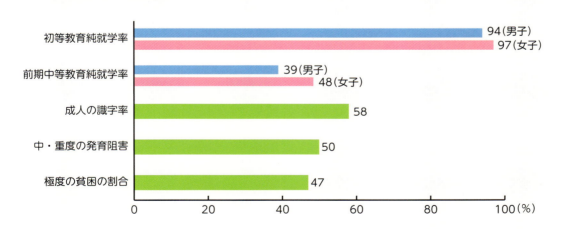

※極度の貧困の割合は国際貧困ライン（1日1.9ドル未満）で暮らす人の割合、前期中等教育は日本の中学校に相当
『世界子供白書2017』（ユニセフ）より

未来ある地球のために

「持続可能な開発目標」＝SDGsは、17の目標と、さらに具体的な169の項目で構成されています。
ここでは、17の目標を紹介します。

目標1	あらゆる場所で、あらゆる形態の貧困に終止符を打つ	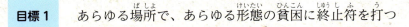
目標2	飢餓に終止符を打ち、食料の安全確保と栄養状態の改善を達成するとともに、持続可能な農業を推進する	
目標3	あらゆる年齢のすべての人々の健康的な生活を確保し、福祉を推進する	
目標4	すべての人々に包摂的かつ公平で質の高い教育を提供し、生涯学習の機会を促進する	
目標5	ジェンダーの平等を達成し、すべての女性と女児のエンパワーメントを図る	
目標6	すべての人々に水と衛生へのアクセスと持続可能な管理を確保する	
目標7	すべての人々に手ごろで信頼でき、持続可能かつ近代的なエネルギーへのアクセスを確保する	
目標8	すべての人々のための持続的、包摂的かつ持続可能な経済成長、生産的な完全雇用およびディーセント・ワークを推進する	
目標9	レジリエントなインフラを整備し、包摂的で持続可能な産業化を推進するとともに、イノベーションの拡大を図る	

目標10	国内および国家間の不平等を是正する

目標11	都市と人間の居住地を包摂的、安全、レジリエントかつ持続可能にする

目標12	持続可能な消費と生産のパターンを確保する

目標13	気候変動とその影響に立ち向かうため、緊急対策を取る

目標14	海洋と海洋資源を持続可能な開発に向けて保全し、持続可能な形で利用する

目標15	陸上生態系の保護、回復および持続可能な利用の推進、森林の持続可能な管理、砂漠化への対処、土地劣化の阻止および逆転、ならびに生物多様性損失の阻止を図る

目標16	持続可能な開発に向けて平和で包摂的な社会を推進し、すべての人々に司法へのアクセスを提供するとともに、あらゆるレベルにおいて効果的で責任ある包摂的な制度を構築する

目標17	持続可能な開発に向けて実施手段を強化し、グローバル・パートナーシップを活性化する

＊訳文およびロゴマークは 国際連合広報 センターによります。

協力

アドラ・ジャパン
シャンティ国際ボランティア会
JHP・学校をつくる会
セーブ・ザ・チルドレン・ジャパン
日本ユニセフ協会
フリー・ザ・チルドレン・ジャパン
マゴソスクールを支える会

茂木ちあき（茂手木千晶）・著

千葉県生まれ。主な著書に『お母さんの生まれた国』『清政──絵師になりたかった少年』（ともに新日本出版社）、『空にむかってともだち宣言』（国土社・第63回青少年読書感想文コンクール課題図書）などがある。日本児童文学者協会会員。

どいまき・絵

トキワ松学園女子短期大学グラフィックデザイン科卒業。作品に『たんじょうびのぼうけん』（フレーベル館）、『うんちさま』（金の星社）などがある。日本児童出版美術家連盟会員。

表紙写真：三井昌志

デザイン：商業デザインセンター
　　　　　松田珠恵

持続可能な地球のために──いま、世界の子どもたちは 2

学校にいきたい【教育】

2018年12月20日　初 版

NDC369 31P 27×19cm

著　　者	茂木ちあき
発 行 者	田所　稔
発 行 所	株式会社 新日本出版社
	〒151-0051 東京都渋谷区千駄ヶ谷 4-25-6
電　　話	営業 03(3423)8402　編集 03(3423)9323
振　　替	00130-0-13681
印　　刷	光陽メディア
製　　本	小高製本

落丁・乱丁がありましたらおとりかえいたします。

© Chiaki Motegi 2018
IISBN978-4-406-06262-6　C8337 Printed in Japan

本書の内容の一部または全体を無断で複写複製（コピー）して配布することは、法律で認められた場合を除き、著作者および出版社の権利の侵害になります。小社あて事前に承諾をお求めください。

info@shinnihon-net.co.jp／www.shinnihon-net.co.jp